BEI GRIN MACHT SICH IHR WISSEN BEZAHLT

AF144685

- Wir veröffentlichen Ihre Hausarbeit, Bachelor- und Masterarbeit

- Ihr eigenes eBook und Buch - weltweit in allen wichtigen Shops

- Verdienen Sie an jedem Verkauf

Jetzt bei www.GRIN.com hochladen und kostenlos publizieren

Trainingsplan zur Verbesserung der Leistung im Hollmann-Venrath-Test

Furkan Kaplan

Bibliografische Information der Deutschen Nationalbibliothek:

Die Deutsche Nationalbibliothek verzeichnet diese Publikation in der Deutschen Nationalbibliografie; detaillierte bibliografische Daten sind im Internet über http://dnb.d-nb.de abrufbar.

ISBN: 9783346846327
Dieses Buch ist auch als E-Book erhältlich.

© GRIN Publishing GmbH
Nymphenburger Straße 86
80636 München

Alle Rechte vorbehalten

Druck und Bindung: Books on Demand GmbH, Norderstedt Germany
Gedruckt auf säurefreiem Papier aus verantwortungsvollen Quellen

Das vorliegende Werk wurde sorgfältig erarbeitet. Dennoch übernehmen Autoren und Verlag für die Richtigkeit von Angaben, Hinweisen, Links und Ratschlägen sowie eventuelle Druckfehler keine Haftung.

Das Buch bei GRIN: https://www.grin.com/document/1340546

Deutsche Hochschule für
Prävention und Gesundheitsmanagement

Hausarbeit

Name, Vorname	Kaplan, Furkan
Studiengang	Sportökonomie
Studienmodul	Trainingslehre II
Datum Präsenzphase (siehe Ergebnisdokumentation)	13.12-15.12.2021
Aufgabe	Erstellung eines Ausdauertraining Plans

Inhaltsverzeichnis

1   DIAGNOSE 3

1.2   Leistungsdiagnostik/Ausdauertestung 4

1.3   Gesundheits -und Leistungsstatus der Person 5

2   ZIELSETZUNG/PROGNOSE 6

3   TRAININGSPLANUNG MESOZYKLUS 7

3.1   Grobplanung Mesozyklus 7

3.2   Detailplanung Mesozyklus 8

3.3   Begründung zum Mesozyklus 10

4   LITERATURRECHERCHE 12

5   LITERATURVERZEICHNIS 15

6   ABBILDUNGS- UND TABELLENVERZEICHNIS 16

1 Diagnose

Tab. 1 Allgemeine Daten

Geschlecht	Männlich
Alter	24 Jahre
Körpergröße	189 cm
Gewicht	89kg
Beruf	Student / Profibasketballer 1.Regionalliga
Trainingsmotive	-Verbesserung der Ausdauer -Muskelaufbau -Aufbau sowie Verbesserung der Körperstabilität -Stressreduzierung
Aktuelle sportliche Tätigkeit:	-ein - bis zweimal in der Woche Krafttraining (außerhalb der Saison) -zwei- bis dreimal die Woche Basketballtraining mit dem Team (innerhalb der Saison)
Frühere sportliche Aktivität	spielt seit der Jugend Basketball und hat dementsprechend Vorkenntnisse
Zeitlicher Verfügungsrahmen	Außerhalb der Saison → drei- bis viermal die Woche (90-170min) Innerhalb der Saison → zwei bis drei die Woche (80-120min)
Leistungsstufe	Fortgeschritten / Leistungssportler
Orthopädische Probleme	In der letzten Saison den Mittelfußknochen im rechten Fuß angerissen. Durch die Schonung wurde der linke Fuß intensiver belastet. Schmerzen sind nicht vorhanden.

Tab. 2 Biometrische Daten

Körperfettanteil	29%		
Blutdruck	127/83 mmHg		
Normwerte Blutdruck (nach WHO)	Bewertung	Systolisch (mmHg)	Diastolisch (mmHg)
	Optimaler Blutdruck	<120	<80
	Normaler Blutdruck	120-129	80-84
	Hoch-Normaler Blutdruck	130-139	85-89
	Milde Hypertonie (Stufe 1)	140-159	90-99
	Mittlere Hypertonie (Stufe 2)	160-179	100-109
Bewertung Blutdruck	Normaler Blutdruck		
Ruhepuls	62 S/min		

Normwerte Ruhepuls	Untrainierte	Normaler Ruhepuls	Leistungssportler
(nach Weineck 2003)	80-95 S/min	60-80 S/min	<50 S / min
Bewertung Ruhepuls	Normaler Ruhepuls		

1.2 Leistungsdiagnostik/Ausdauertestung

Tab. 3 Ausdauertest nach Hollmann & Venrath

Testform: Hollmann & Venrath	Begründung Testverfahren:
Submaximal	Der Test eignet sich optimal für den Probanden, weil es sich um eine gut trainierte Testperson handelt, die bereits Vorkenntnisse hat und körperlich in der Lage ist mindestens 150 Watt zu erreichen. Außerdem ist das Ergebnis des Tests ausschlaggebend für die weitere Trainingsempfehlung sowie Planung. Aufgrund der geringen orthopädischen Probleme des Probanden eignet sich insbesondere der Fahrradergometer, da dieser wenig Belastung für die Gelenke darstellt.

Eingangsbelastung:	30 Watt	Belastungssteigerung	40 Watt
Stufendauer:	3 min	Herzfrequenz in Ruhe	67 S/min
Umdrehungszahl:	60-80 U/min	Pulsobergrenze	156 S/min

Tab. 4 Testausführung

	Datum 17.12.21	Pulsobergrenze: 156 S/min		
Zeit (min)	Watt (W)	Hf 1 (S/min)	Hf 2 (S/min)	Hf 3 (S/min)
0-3	30	75	79	84
4-6	70	89	94	99
7-9	110	105	111	119
10-12	150	125	129	136
13-15	190	143	148	156
Watt gesamt	190 W			
Watt/Kg	2,1 W/Kg			
Bewertung und Normtabelle	Durchschnittlich gut (nach IPN)			

Tab. 5 Normwerte für den Hollmann & Venrath Test (modifiziert nach IPN, 2004)

Alter / Intensität	< 30	30-34	35-39	40-44	45-49	50-54	55-59	> 60	Bewertung
0,50	1,45	1,38	1,31	1,23	1,16	1,09	1,02	0,94	☺☺☺
0,51	1,50	1,43	1,35	1,28	1,20	1,13	1,05	0,98	☺☺☺
0,52	1,55	1,47	1,40	1,32	1,24	1,16	1,09	1,01	☺☺☺
0,53	1,60	1,52	1,44	1,36	1,28	1,20	1,12	1,04	☺☺☺
0,54	1,65	1,57	1,49	1,40	1,32	1,24	1,16	1,07	☺☺☺
0,55	1,70	1,62	1,53	1,45	1,36	1,28	1,19	1,11	☺☺
0,56	1,75	1,66	1,58	1,49	1,40	1,31	1,23	1,14	☺☺
0,57	1,80	1,71	1,62	1,53	1,44	1,35	1,26	1,17	☺☺
0,58	1,85	1,76	1,67	1,57	1,48	1,39	1,30	1,20	☺☺
0,59	1,90	1,81	1,71	1,62	1,52	1,43	1,33	1,24	☺☺
0,6	2,00	1,90	1,80	1,70	1,60	1,50	1,40	1,30	Ø
0,61	2,20	2,09	1,98	1,87	1,76	1,65	1,54	1,43	Ø
0,62	2,40	2,28	2,16	2,04	1,92	1,80	1,68	1,56	Ø
0,63	2,60	2,47	2,34	2,21	2,08	1,95	1,82	1,69	☹
0,64	2,80	2,66	2,52	2,38	2,24	2,10	1,96	1,82	☹
0,65	3,00	2,85	2,70	2,55	2,40	2,25	2,10	1,95	☹
0,66	3,20	3,04	2,88	2,72	2,56	2,40	2,24	2,08	☹☹
0,67	3,40	3,23	3,06	2,89	2,72	2,55	2,38	2,21	☹☹
0,68	3,60	3,42	3,24	3,06	2,88	2,70	2,52	2,34	☹☹
0,69	3,80	3,61	3,42	3,23	3,04	2,85	2,66	2,47	☹☹
0,70	4,00	3,80	3,60	3,40	3,20	3,00	2,80	2,60	☹☹

(modifiziert nach IPN, 2004)

1.3 Gesundheits -und Leistungsstatus der Person

Mithilfe der Biometrischen Daten, dem persönlichem Gespräch sowie der Leistungsdiagnostik lässt sich ermitteln, dass der 24-jährige Basketballer seine Ausdauer verbessern möchte. In seiner letzten Saison riss der Student seinen Mittelfußknochen an und musste die restliche Saison über pausieren. Dies hatte zufolge, dass unter anderem die Ausdauer und das Krafttraining nachließen. Aufgrund des Referendariats war es dem Studenten in seiner Situation nicht möglich gelegentlich Ausdauertraining zu betreiben, was zur Folge hatte, dass der Körperfettanteil über die sportfreien Monate anstieg.

Während der COVID-19 Pandemie trainierte der Student mithilfe eines Fahrradergometers gelegentlich, aber dies erfolgte ohne jegliche Erfahrung sowie Zielinhalte. Außerdem ließ die Motivation im eigenen Hause nach einer Zeit nach. Jedoch lässt sich sagen, dass sich diese Vorkenntnisse bereits im Leistungstest bemerkbar machten. Zwar lag der Wert des Hollmann & Venrath Tests im mäßigen Bereich, jedoch meisterte der Basketballer den Test ohne jegliche Beschwerden oder Atemnot. Positiv anzumerken ist auch, dass sich der Proband trotz langer Sportpause in einer guten Ausgangslage befindet, um seine Ziele bezüglich der Ausdauer erreichen zu können. Neben der körperlichen Belastbarkeit besitzt er die Disziplin, um die vorgesetzten Maßnahmen umzusetzen.

Auf der anderen Seite hingegen möchte er den Stress, aufgrund der Universität sowie des Profisports reduzieren. Dies machte sich besonders bemerkbar, als der Basketballer die Motivation am Sport verlor, die dem Stress geschuldet war.

Für die Trainingsplanung hat dies den Vorteil, dass bereits Vorkenntnisse vorhanden sind und mit diesen weitergearbeitet werden kann. Da sich der Basketballer momentan in der Off-Season befindet möchte er sich auf die kommende Saison mithilfe eines Planes vorbereiten, um seine gewünschten Ziele zu erreichen. Wichtig ist ihm hierbei seine bereits leichte Verletzung nicht noch mehr zu gefährden. Außerdem möchte er, dass der Stress reduziert wird und der Sport in seinen Alltag integriert wird.

2 Zielsetzung/Prognose

Tab. 6 Zielsetzung

	Inhalt	Ausmaß	Zeit
Ziel 1	Reduktion des Stresses im Alltag	Auf einer Stressskala von 1-10 von 7 auf 4 senken	5 Wochen
Ziel 2	KFA reduzieren	-3%	8 Wochen
Ziel 3	Verbesserung im Hollmann & Venrath Test	2,6-2,8 W/Kg erreichen	10 Wochen

Die Ziele des Basketballers beziehen sich auf die bereits abgesprochenen Inhalte. Mithilfe der Borg-Skala (1 wenig gestresst bis 10 sehr gestresst) gibt der Basketballer an, dass er sich auf einer 7 befindet, welches er reduzieren möchte. Während des Trainingsplanes soll darauf geachtet werden, dass der Alltag sowie die Universität nicht unter dem Sport leiden und der Basketballer gestresster wird. Das Ausdauertraining soll ihm dabei helfen, den Alltag auszublenden und mithilfe des Sports den Stress zu reduzieren. Gleichzeitig soll aber auch die Ausdauer gefördert werden, um sich optimal auf die bevorstehende Saison vorbereiten zu können. Nach den ersten fünf Wochen soll hierfür eine Rückmeldung gegeben werden, um das Ausmaß protokollieren zu können. Gegebenenfalls muss der Plan dementsprechend geändert werden.

Des Weiteren soll der Körperfettanteil, der mithilfe einer In Body-Messung ermittelt wurde, verringert werden. Besonders als Profibasketballer ist es von Bedeutung die

Vorgaben des Vereins vor Saisonbeginn bezüglich Körperzusammensetzung zu erreichen, daher soll in den acht Wochen der Körperfettanteil um drei Prozent gesenkt werden.

Als langfristiges Ziel, welches nach zehn Wochen erreicht werden soll, geht es um den Leistungsstand im Hollmann & Venrath Test Verfahren. Dieser soll aus durchschnittlichem Bereich (2,1 W/Kg) auf 2,6-2,8 W/Kg gesteigert werden, welches als gut trainierter Bereich definiert wird (Vgl. Tab.5).

3 Trainingsplanung Mesozyklus

3.1 Grobplanung Mesozyklus

Tab. 7 Grobplanung Mesozyklus (eigene Darstellung)

Mesozyklus	
Mesozyklusdauer	6 Wochen
Trainingsziel/e	Aufbau Grundlagenausdauer (GA1)
	Entwicklung der Grundlagenausdauer (GA2)
Belastungsumfang/Woche	90-160 min
Trainingsmethoden	Extensive Dauermethode
	Variable Dauermethode
Trainingsintensitäten	60-75% Hf_max (105 -132 S/min) Extensive DM
	65-80% Hf_max (114-140 S/min) Variable DM
Trainingshäufigkeit/Woche	Bis Woche 3 → 2 x
	Nach Woche 3 → 3 x
Dauer pro Trainingseinheit	40-60 min ExDM
	40-60 min VDM
Trainingsgeräte	Fahrrad, Rudergerät, Spinning Bike

3.2 Detailplanung Mesozyklus

Tab. 8 Detailplanung Mesozyklus Woche 1 (eigene Darstellung)

Woche 1 (90min)	Montag	Donnerstag
Trainingsziel	GA1	GA1
Tr.-Methode	Extensive DM	Extensive DM
Tr.-Intensität	60-65%	60-65%
Tr.-Dauer	40 min	50 min
Tr.-herzfrequenz (Ober- und Untergrenze)	105 – 114 S/min	105 – 114 S/min
Tr.-Gerät	Fahrrad	Fahrrad

Tab. 9 Detailplanung Mesozyklus Woche 2 (eigene Darstellung)

Woche 2 (90min)	Montag	Donnerstag
Trainingsziel	GA1	GA2
Tr.-Methode	Extensive DM	Variable DM
Tr.-Intensität (Hf_max)	60-65%	60-70% (60-65% extensiv) (65-70% intensiv)
Tr.-Dauer	50 min	40 min (5:5)
Tr.-herzfrequenz (Ober- und Untergrenze)	105 – 114 S/min	105 – 114 S/min extensiv 114 – 123 S/min intensiv
Tr.-Gerät	Fahrrad	Rudergerät

Tab. 10 Detailplanung Mesozyklus Woche 3 (eigene Darstellung)

Woche 3 (100min)	Dienstag	Freitag
Trainingsziel	GA1	GA2
Tr.-Methode	Extensive DM	Variable DM
Tr.-Intensität (Hf_max)	65-70%	70-80% (70-75% extensiv) (75-80% intensiv)
Tr.-Dauer	50 min	50 min (8:3)
Tr.-herzfrequenz (Ober- und Untergrenze)	114 – 123 S/min	123-132 S/min extensiv 132-140 S/min intensiv
Tr.-Gerät	Spinning Bike	Fahrrad

Tab. 11 Detailplanung Mesozyklus Woche 4 (eigene Darstellung)

Woche 4 (155min)	Montag	Mittwoch	Freitag
Trainingsziel	GA1	GA2	GA1
Tr.-Methode	Extensive DM	Variable DM	Extensive DM
Tr.-Intensität (Hf_max)	65-70%	65-75% (65-70% extensiv) (70-75% intensiv)	60-65%
Tr.-Dauer	45 min	50 min (5:5)	60 min
Tr.-herzfrequenz (Ober- und Untergrenze)	114 – 123 S/min	114-123 S/min extensiv 123-132 S/min intensiv	105- 114 S/min
Tr.-Gerät	Fahrrad	Spinning Bike	Rudergerät

Tab. 12 Detailplanung Mesozyklus Woche 5 (eigene Darstellung)

Woche 5 (160 min)	Montag	Mittwoch	Freitag
Trainingsziel	GA2	GA1	GA1
Tr.-Methode	Variable DM	Extensive DM	Variable DM
Tr.-Intensität (Hf_max)	65-75% (65-70% extensiv) (70-75% intensiv)	65-70%	70-80% (70-75% extensiv) (75-80% intensiv)
Tr.-Dauer	60 min (10:10)	50 min	50 min (5:5)
Tr.-herzfrequenz (Ober- und Untergrenze)	114-123 S/min extensiv 123-132 S/min intensiv	114 – 123 S/min	123-132 S/min extensiv 132-140 S/min intensiv
Tr.-Gerät	Rudergerät	Fahrrad	Spinning Bike

Tab. 13 Detailplanung Mesozyklus Woche 6 (eigene Darstellung)

Woche 6 (165min)	Montag	Mittwoch	Freitag
Trainingsziel	GA1	GA1	GA2
Tr.-Methode	Extensive DM	Extensive DM	Variable DM
Tr.-Intensität (Hf_max)	60-65%	65-70%	65-75% (65-70% extensiv) (70-75% intensiv)
Tr.-Dauer	60 min	50 min	45min (10:10)
Tr.-herzfrequenz (Ober- und Untergrenze)	105 – 114 S/min	114 – 123 S/min	114-123 S/min extensiv 123-132 S/min intensiv
Tr.-Gerät	Fahrrad	Fahrrad	Spinning Bike

3.3 Begründung zum Mesozyklus

Innerhalb der ersten sechs Wochen soll der Student bereits seine ersten Fortschritte bezüglich seiner Ausdauer erreichen. Dabei sollen, die vom ihm gewählten Ziele beachtet werden, sodass sich aus diesen eine Trainingsplanung herstellen lässt. Wie bereits erwähnt liegt die Priorität bei der Reduzierung des Stresses im Alltag sowie der Ausbau der Grundlegenden Ausdauer. Vorab sollte erwähnt werden, dass der Student momentan noch Kraft- sowie Mannschaftstraining betreibt, sodass die ersten drei Wochen der Planung im Vergleich zu den letzten drei Wochen weniger intensiv verlaufen werden.

Um sich physisch an die Gegebenheiten des Ausdauertrainings einstellen zu können, wird die erste Woche der Eingewöhnung gewidmet. Dabei soll sich der Student den Geräten sowie den Intensitäten vertraut machen, um auf diesen über die kommenden Wochen aufbauen zu können. An jeweils beiden Wochentagen wird hierfür das Trainingsziel Grundlagenausdauer 1 gewählt. Mithilfe der Extensiven Dauermethode soll der Stressabbau, das Herz-Kreislaufsystem sowie die Regeneration nach dem Teamtraining gefördert werden (Hottenrott, K. 2006). Die Intensitäten betragen an beiden Trainingstagen 60-65% der Hf_max, die innerhalb der nächsten Wochen angepasst werden. (Neumann, G., Pfützner, A. & Berbalk, A. 2007)

Da der Basketball körperlich in der Lage ist, auch mit dem Wissen zum Hollmann-Venrath Test, wird die Dauer im zweiten Training erhöht, um Reize setzen zu können. Insgesamt beträgt der Umfang der ersten Woche 90 Minuten, welches in Verbindung zum Mannschaftssport optimal ist. Dabei soll allerdings geachtet werden, dass die Trainingsherzfrequenz nicht überschritten wird und eine Regeneration nach dem Training gewährleistet wird (Garhammer & Takano 1994, S.355). Dem Probanden ist es freigestellt, welche Trainingsgeräte genutzt werden, jedoch wurde erwähnt, dass aufgrund der Orthopädischen Probleme das Laufband vermeiden werden sollte, da dieser das Gelenk sehr belasten könnte. In Hinblick auf diese Kriterien werden über die Wochen das Rudergerät, das Fahrrad sowie das Spinning Bike in Betracht gezogen, um verschiedene Variationen zu erlenen. Besonders bei der Nutzung des Rudergerätes werden zahlreiche Muskelgruppen mitbeteiligt, sodass ein Ganzkörpertraining stattfindet. Des Weiteren ist der Kalorienbedarf hoch, was hilfreich sein wird, um die angepeilten Körperfette zu reduzieren (Bryner, R. W., Toffle, R.C., Ullrish, I.H. & Yeater, R.A. 1997).

Innerhalb der nächsten Wochen wird die Variable Dauermethode eingeführt, um die Intensität zu erhöhen. Gleichzeitig soll mit dieser Methode die Grundlagenausdauer 2 angesteuert werden. Bei der Variablen Dauermethode wird abwechselnd in hohen und tiefen Intensitäten trainiert. Für den Basketballer wird dies hilfreich sein, weil beim Basketball unter anderem Sprints eingelegt werden und dadurch unterschiedliche Intensitäten im Spiel vorhergerufen werden.

Diese beziehen sich unter anderem auf die Verbesserung der aeroben Fitness (Vo2Max), Stabilisierung und Entwicklung der Grundlagenausdauer sowie Reduzierung des Körperfettanteils (Hottenrott, K. 2006). Während der Variablen Dauermethode wird die Intensität bis auf 85% erhöht, die mithilfe der Trainingsherzfrequenz bestimmt wird. Da es sich um einen Sportler handelt, der aufgrund der leichten Verletzung beeinträchtigt ist, wird er es schaffen trotz dessen diese Intensität zu bewältigen. Es ist von Bedeutung während der Wochen und den Trainingstagen verschiedene Intensitäten einzuführen, um Erfolge zu erlangen. (Zintl & Eisenhut, 2001, S111).

Grundsätzlich soll über die Wochen Rücksprache mit dem Studenten gehalten werden, um eventuell Änderungen vorzunehmen. Doch letztendlich sind die Ziele, die Leistungsfähigkeit sowie der Gesamtumfang des Spielers bekannt, sodass ein planmäßiger Ablauf gewährleistet werden kann (Hottenrott, K. 1997).

Wie bereits erwähnt wird ab Woche drei der Umfang von zwei Trainingseinheiten pro Woche auf drei erhöht. Dies erfolgt nach dem Schema Häufigkeit vor Umfang und Intensität. Grund dafür ist die Saisonpause innerhalb der Mannschaft und der damit verbundene zeitliche Aspekt des Studenten. Auch wenn die Zeit hierbei gegeben ist, soll die Intensität nicht zu hoch gestaltet werden, denn dies könnte den Stress innerhalb des Alltags hervorrufen. Die Intensitäten sowie die Dauer wird so angepasst, dass ein Wöchentlicher Umfang von 155-165 Minuten ausreichend sein werden, um Reize setzen zu können.

Nach höheren Intensitäten sollte beachtet werden, dass eine Regeneration stattfindet, sodass sich der Körper sowie die Muskeln erholen können (Garhammer & Takano 1994, S.355). Ohne Erholung könnte es passieren, dass sich das Stresslevel des Studenten erhöht.

Sofern die gezeigten sechs Wochen problemlos bewältigt wurden, könnte man infolgedessen über die intensiven Dauermethoden anknüpfen, um langfristige Ziele zu erzielen.

4 Literaturrecherche

Tab. 14 Studien zum Thema „Effekte des Ausdauertrainings bei Übergewicht".
(Skrypnik, D., Bogdanski,P. , Madry, E. , 2015; Fischer, G. , Brown, A. , Alcorn, A., 2015)

	Studie 1	Studie 2
In welchem Jahr wurde die Studie durchgeführt?	Die Studie wurde von Skrypnik, D., Bogdanski, P., Madry, E., Karolkiewicz, J., Ratajczak, M., Krysciak, J., Pupek-Musialik, D., Walkowiak, J. durchgeführt	Die Studie wurde von Fischer, G., Brown, A., Alcorn, A., Noles,C. ,Winwood, L., Resuehr, H.,George, B., Jeansonne, M., Allison, D druchgeführt.
In welchem Jahr wurde die Studie veröffentlicht?	Die Studie wurde am 8. Mai 2015 veröffentlicht. *The European Journal of Obesity. Obesity facts.*	Die Studie wurde am 21.Oktober 2015 veröffentlicht. *High Intensity Interval- vs Moderate Intensity- Training for Improving Cardiometabolic Health in Overweight or Obese Males: A Randomized Controlled Trial. PLoS ONE 10(10)*
Welche Forschungsfrage wurde untersucht?	In der Studie ging es um die Auswirkung und dem Vergleich von Ausdauertraining und Ausdauerkrafttraining auf die biometrischen Daten, die Körperzusammensetzung, die körperliche Leistungsfähigkeit und die Kreislaufparameter bei adipösen Frauen.	In der durchgeführten Studie ging es um den Vergleich der Auswirkung von sechs Wochen hochintensivem Intervalltraining (HIIT) und kontinuierlichem Training mittlerer Intensität (MIT) bei übergewichtigen jungen Männern. Dabei wurde die Körperzusammensetzung, Insulinsensitivität (SI), der Blutdruck, die Blutfettwerte sowie die kardiovaskuläre Fitness untersucht.
Mit welchen Versuchspersonen wurden die Studien durchgeführt?	Der Versuch wurde mit 44 Frauen durchgeführt, die in zwei Gruppen aufgeteilt wurden. Dabei handelte es sich um Frauen, die übergewichtig waren.	Bei den Versuchspersonen handelte es sich um 28 sesshafte oder adipöse Männer (Alter 20±1,5 Jahre, BMI 29,5±3,3kg/m2), die in zwei Gruppen aufgeteilt wurden.

Wie sah der Versuchsaufbau der Studien aus?	Die Intervention bestand aus einem körperlichen Übungsprogramm mit drei Trainingseinheiten pro Woche (montags, mittwochs und freitags). Für jede Gruppe wurden insgesamt 36 Trainingseinheiten durchgeführt. Gruppe (A) absolvierte ein Ausdauertraining auf Fahrradergometern. Dabei bestanden die Trainingseinheiten aus 5 Minuten Aufwärmen bei niedriger Intensität (50-60% der maximalen HF), 45 Minuten Training mit einer Intensität zwischen 50 und 80% maximalen HF, 5 Minuten Radfahren ohne Belastung und 5 min abschließende Dehn - und Atemübungen geringer Intensität.	Die männlichen Teilnehmer wurden nach dem Zufallsprinzip jeweils in die HIIT und die MIT-Gruppe zugeteilt. Dabei wurde HIIT auf einem elektronisch gebremsten Fahrradergometer durchgeführt, wo die Teilnehmer eine 20-minütige Einheit durchliefen. Diese bestand aus vier Minuten Radfahren bei 15% der maximalen anaeroben Leistung (MAX-AP), gefolgt von 30 Sekunden bei 85% des MAX-AP. Dieser Zyklus wurde innerhalb jeder Einheit viermal wiederholt und endete mit zwei Minuten bei 15% der MAX-AP. Die Einheiten wurden auf dreimal die Woche auf sechs Wochen beschränkt.
	Gruppe B durchlief ein Ausdauerkrafttraining, das aus 5 Minuten Aufwärmen geringer Intensität (50-60% der maximalen HF), einer Kraftkomponente, einer Ausdauerkomponente, Radfahren ohne Last und Abschlussübungen bestand. Direkt im Anschluss an die Kraftübungen absolvierten die Probanden 25 min Ausdauertraining auf Fahrradergometern mit einer Intensität zwischen 50-80% der maximalen HF, 5 min Radfahren ohne Belastung und 5 min abschließende Atemübungen geringer Intensität.	Die MIT-Gruppe durchlief ununterbrochen 45-60 Minuten das Radfahren bei 55-65% der VO2Max (die abgestuft wurden im Laufe der Zeit auf 60 Min und 65%) auf einem Fahrradergometer. Dabei wurde die Arbeitsbelastung (Vo2Max) vor Testbeginn von jedem Teilnehmer ermittelt. Die Einheiten beliefen sich auf fünfmal die Woche für insgesamt sechs Wochen. Während der Einheiten wurde die Herzfrequenz überwacht und protokolliert.
Welche relevanten Ergebnisse und Schlussfolgerungen lieferten die Studien?	Nach den drei Monaten wurde in beiden Gruppen signifikante Abnahme der Körpermasse, des BMI, des Gesamtkörperfetts, der Gesamtkörperfettmasse sowie des Taillen - und Hüftumfangs festgestellt. In Gruppe B wurde eine deutliche Zunahme der fettfreien Gesamtkörperfettmasse und der körperfettfreien Gesamtmasse dokumentiert. Gleichzeitig wurde beobachtet, dass in beiden Gruppen die maximale	Die Ergebnisse zeigten, dass es eine stärke Verbesserung von Vo2Max bei der MIT-Gruppe im Vergleich zu HIIT gab. (11, % vs. 2,83%). Schlussfolgernd lässt sich für die Studie sagen, dass die Teilnahme an beiden Gruppen zeigte, dass sich unter anderem SI verbesserte und die Blutfettwerte bei den Teilnehmern sank. Des Weiteren wurde bei den Teilnehmern eine Abnahme von Körperfett festgestellt sowie eine verbesserte

Sauerstoffzunahme zunahm und sich die Zeit bis zur Erschöpfung verbesserte. Die Ruhefrequenz begleitet von der Herzfrequenz hingegen verringerte sich.

Die Ergebnisse belegen, dass bereits nach dreimonatigem Ausdauer- sowie Ausdauerkrafttraining erhebliche Veränderungen der biometrischen Daten, körperliche Leistungsfähigkeit und Kreislauffunktion bei Frauen mit abdominaler Adipositas aufzufassen sind.

kardiovaskuläre Fitness. Insgesamt lässt sich sagen, dass eine kurze Dauer von Ausdauertraining kardiometabolische Risikofaktoren bei zuvor sitzenden übergewichtigen oder adipösen jungen Männern verbessern kann.

5 Literaturverzeichnis

Borg, G. (2004). Anstrengungsempfinden und körperliche Aktivität. *Deutsches Arzteblatt*, 101 (15), A1016-1021.

Bryner, R. W., Toffle, R.C., Ullrish, I. H. & Yeater, R.A. (1997). The effects of exercise intensity on body composition, weight loss and dietary composition in women. *Journal of the American College of Nutrition, 16 (1), 68-73*

Fischer, G., Brown, A., Alcorn, A., Noles,C. ,Winwood, L., Resuehr, H.,George, B., Jeansonne, M., Allison, D. (2015). *High Intensity Interval- vs Moderate Intensity-Training for Improving Cardiometabolic Health in Overweight or Obese Males: A Randomized Controlled Trial. PLoS ONE 10(10)*

Garhammer, J. & Takano, B. (1994). Training im Gewichtheben. In P. V. Komi (Hrsg.), *Kraft und Schnellkraft im Sport* (S. 353–364). Köln: Deutscher Ärzte-Verlag.

Hottenrott, K. (1997). *Ausdauertraining. Intelligent effektiv erfolgreich* (4.Aufl.). Lüneburg: Wehdemeier & Pusch.

Hottenrott, K. (2006). *Trainingskontrolle mit Herzfrequenz-Messgeräten* (1.Aufl). Aachen: Meyer & Meyer

Institut für Prävention und Nachsorge. (2004). *IPN-Test-Ausdauertest für den Fitness-und Gesundheitssport*. Köln: Institut für Prävention und Nachsorge (IPN).

Neumann, G., Pfützner, A. & Berbalk, A. (2007). *Optimiertes Ausdauertraining* (5., überarb. Aufl.). Aachen: Meyer & Meyer

Skrypnik, D., Bogdanski, P., Madry, E., Karolkiewicz, J., Ratajczak, M., Krysciak, J., Pupek-Musialik, D., Walkowiak, J. (2015). *The European Journal of Obesity. Obesity facts.*

Weineck,J. (2003). *Ausdauertraining. Trainingssteuerung über die Herzfrequenz- und Milchsäurebestimmung*. Balingen:Spitta.

World Health Organization. (2000). *Obesity: Preventing and Managing the Global Epidemic-Report of a WHO Consultation*: The Stationery Office Books (Agencies).

Zintl, F. & Eisenhut, A. (2001). *Ausdauertraining. Grundlagen Methoden Trainingssteuerung* (5.überarb. Aufl.). München: BLV

6 Abbildungs- und Tabellenverzeichnis

Tab. 1 Allgemeine Daten

Tab. 2 Biometrische Daten

Tab. 3 Ausdauertest nach Hollmann & Venrath

Tab. 4 Testausführung

Tab. 5 Normwerte für den Hollmann & Venrath Test (modifiziert nach IPN, 2004)

Tab. 6 Zielsetzung

Tab. 7 Grobplanung Mesozyklus (eigene Darstellung)

Tab. 8 Detailplanung Mesozyklus Woche 1 (eigene Darstellung)

Tab. 9 Detailplanung Mesozyklus Woche 2 (eigene Darstellung)

Tab. 10 Detailplanung Mesozyklus Woche 3 (eigene Darstellung)

Tab. 11 Detailplanung Mesozyklus Woche 4 (eigene Darstellung)

Tab. 12 Detailplanung Mesozyklus Woche 5 (eigene Darstellung)

Tab. 13 Detailplanung Mesozyklus Woche 6 (eigene Darstellung)

Tab. 14 Studien zum Thema „Effekte des Ausdauertrainings bei Übergewicht

BEI GRIN MACHT SICH IHR
WISSEN BEZAHLT

- Wir veröffentlichen Ihre Hausarbeit,
  Bachelor- und Masterarbeit

- Ihr eigenes eBook und Buch -
  weltweit in allen wichtigen Shops

- Verdienen Sie an jedem Verkauf

Jetzt bei www.GRIN.com hochladen
und kostenlos publizieren